JN408709

하 은 시집

문학공원 시선 143

하 은 시집

문학공원

[서시]

더불어 그대

시를 만난 후
몇 송이 꽃을 피웠을까요 제가
봐라 꽃이다 하며
선뜻 내밀 수 있는 만개한 웃음
눈을 비벼도 보이지 않는
마음을 그리기 위해
종종걸음 하던 매일입니다
칠흑의 어둠에게 고단함 넘기고
허락된 쉼을 누리는 호사
이럴 때면 잠들 수 있게 하신
하늘의 마련이
얼마나 고마운지 모릅니다
무색을 찍어 빛을 그리는 아침
충전된 시인의 번다한 마음만큼
새소리 바삐 허공을 달리는 군요
그들 세상이야 어찌 흐르든
다만 내 할 말
이 땅에 심었으니 족한 오늘입니다
사는 동안 당신만
살뜰히 사랑했습니다 저는.

시인의 말

말간 햇살이 계절의 등을 민다. 나무는 어깨를 짓누르던 무거운 책임과 잎을 덜고 있다. 부산한 바람이 숲을 쓰다듬지만 별반 위로가 되지 못하는 지금은 손을 놓고 이별하는 계절. 지금 난 몽상 속으로 들어와 이별 속에서 기쁨을 찾는 법을 생각하며 홀로 앉아있다. 답을 찾고 있는 젊음의 보폭 사이로 돋던 뾰루지 같은 고통이 기억됐다. 익은 단풍을 지우던 벽력같은 아픔.

누구나의 속에 세 들어 살고 있는 아픔 또한 그러하다. 잊자고 잊어지는 것이 아님을 사람이 알아 온몸으로 세상을 겪으며 산다. 뒤돌아 다시 아파오는 과거란 이름 고약하기 짝 없다 생각할 즈음 존재를 알리는 소리에 화들짝 깨어났다. 묵은 세월은 사람이나 기계나 표가 나기 마련. 가끔 멈출까 조바심내면 웅 소리로 기어이 살아있음을 알린다. 게으른 시인을 빼닮은 불규칙한 기계음.

햇살과도 같은 사람을 보았다. 거리에서 혹은 작은 찻집에서 눈빛으로 마주하고 웃을 수 있는 사람. 그는 혹은 그녀는 세상에서 가끔 스치는 평화로운 이웃이다. 빛나는 웃음으로 엮인 사랑이 아니라도 좋았다. 쉼을 끝내던 날 수려한 일상을 맞으려 가슴을 열었다. 하늘이 따라와 자리를 잡는다. 새떼가 날아들자 자음과 모음 순경음이 나붓나붓 춤을 부었다. 다시 살아오는 詩.

시를 캐고 시를 다듬고 시를 보이고 싶어진 이유가 사람이었다. 이제 나의 영혼이 낳은 시는 그와 그녀로 불리는 선한 사람의 것이다. 은혜로운 영혼의 찰진 교류를 통해 부디 사람 가까이에서 어여삐 사랑받는 시가 되기를.

CONTENTS

1.
햇살공화국

2.
사랑나무에 열리는 시詩

3.

한 그리움이 또 한 그리움에게

4.
꽃처럼 가자

5.
축복을 위한 수업

작품해설

1

햇살공화국

거미줄에도 빗방울이 앉아요

가는 근심 여럿이 걸터앉으면
거미줄이 무거워 지지요
저녁노을에 팽팽했던 줄이
새벽녘 느슨해진 걸 보면
하루를 견딘 노동의 사람들이
쏟아낸 이야기가 많았던 모양이에요
달빛아래 사연을 읽어내시는
하나님 피곤하셨겠어요
더러는 맑은 웃음으로
줄을 튕겨
청량한 시간을 낳기도 하지만
대부분은 지친 이야기들이
참새처럼 자리를 차지하거든요
안개가 지나고 투명한 아침
강한 위로가 이 땅에 도착 했어요
슬픔을 걷어 주시니
거미줄이 다시 팽팽해집니다
세상 눈물을 마르게 하는 것은
온전히 하늘의 일이로군요.

꿈꾸는 詩

밤새 치유의 신을 부르다
혼절한 몸 일으켜
자판을 두드리게 했다
기역부터 자음 모두
잊힌 순경음까지 불러 놓고
모음과 더불어
꽃으로 피어나도록
앉아라 서라 하며
손잡고 기대게 했다
뿌리로부터 물관을 통해
가지 끝에 다다른
세종대왕의 훈민정음
조화롭게도 순한 나무에
물고기가 열렸다.

과묵한 바다

햇살이 저 바다를 다 말린 후
바닥이 드러나는 날
그때는 눈으로 확인할 수 있겠지
속마음 낱낱이 알고 싶어
파도보다도 더 가까이
철썩철썩 진심을 기웃거리는
어리석음에 대한 한마디
땅에 사는 날 동안
영혼 하나만 믿고 그저
따르면 되는 때도 있는 법이다
해변만큼 길게 누워
애정의 궤적을 투기하며
재차 확인하는 그녀의 몸짓에
지친 바다는 입을 닫았다
과묵한 남자의
일렁이지 않는 깊고 너른 속에
수천만 한숨이
새끼를 치며 자라고 있다는 걸
여인은 알지 못했다.

물속을 살아

몰려 몰려다니는 물고기는
정다이 몸 부딪힐 때 근지러울 거야
매끈한 물속에
저들 웃음 보이는 듯
햇살 한 겹 아래
유영하는 무리 아름답기만 하다
꾸역꾸역 몰려다니는 사람은
날 선채 각 세워
가까울수록 상처를 내기도하지
매운바람 속을 헤매며
제 길 우선하며 사는 고집
가을 날 들꽃 스러지듯
숙어질 때도 되었다
우리 이제는 물속을 살아
각도 둥글리고
뾰족한 언어도 녹아지게
헤엄치며 가면 좋겠다
저어기 그 어디쯤
먼저가신 이들 계시는 곳까지
순하게 소리 없이
마음 비비며 흐르면 되겠다.

의미 그 후

도통 겁이 없는 저
내안에 살고 있는
느슨함이란 녀석은
영 눈치도 없다
세월 앞에 조급하여
동동거리는 맘도 모르고
세상 살면서 맞닥뜨리는
일에 대하여도 모른 척이다
늘 있을 것 같은 오늘은
망태버섯처럼 꼿꼿하다가
반나절 제풀에 주저앉는 법
값없이 주어지는
반복되는 하루하루도
화수분 아니니
가슴 단단히 여미고
야물게 살 일.

특허 받은 하루

흉내 낼 수 없는 무형의 권리
머릿속에서 펄떡이던
비릿하고도 유난한 시간
누구도 가까이 할 수 없는
충분하게 달궈진 하루가
똬르르 1,440초 소리를 굽고 있다
애매한 하늘의 맛
복제할 수 없는 이념을 팔기위해
적합한 누군가를 찾기에는
밤이 너무 이르니
서둘러 독주를 마시고
차라리 나 세월을 거스르리라
텁텁한 눈물과
내내 멱씨름 해오던 불면이
잔뜩 취한 안개 속에서
스스로 수면안대를 벗어던지다.

투약의 의미

갱년기 여인의 발바닥
밤새 무엇이 찌르는 것인가
뜨거운 욕망을 담고
사방으로 분주했던 작은 발
저에게 먼저 신호가 왔다
편평한 아침을 딛었음에도
화끈한 고통으로 달려드는 시간
산천의 싱그러운 바람을
알약으로 압축하여 입에 넣으면
푸른 시절이 살아오지 싶어
물 머금은 채 겸허한 마음으로
고개를 젖히다 문득
오호라 하늘 간절히 바라보란
神의 가르침
그로구나 하였다
삶의 기운이 속도를 늦추고
곰살궂게 대화를 청하거들랑
남은 여정 수고로이 주무를 일
이런 날 내게 오리란 걸
어찌 알 수 있었으리

피아니시모pianissimo(pp)

밤과 아침 사이
빛의 묘묘杳杳함이라니
안개가 숲을 꿀꺽 삼키는데도
공간 빛살은 팔팔하다
굴절 없는 잔상殘像으로
선 가슴 가만 다독이다보면
노면이 훤한 아침
한 발 차이 거두기도 하고
때로
통째 잃기도 하던
기억된 색色의 여정
굳은 아집을 벗고 있으나
채색된 시어가 못미더워
지고지순 문채文彩를 원하는 오늘
걸음마다 철벽이지 말고
자분자분 오라
나의 시詩.

햇살공화국

신 벗고 단추를 푼다
마음 열고 잔을 채운다
한 순배 돌고 또 한 순배
마시고 나누는 뜨거운 시간에
자랑의 찬물이라니
누구냐
이생의 자랑이 남은 자
가라

이곳은 벌거숭이의 놀이터
어둠의 나날을 곱씹어도
빛을 세어도 모두가
서로 아우르기 바쁜 곳
보잘 것 있고 없고는 우리게
생소한 언어와 같다
나이도 성별도 소용 닿지 않는
착한 사람의 나라

여기는 햇살공화국이다.

다정한 침입자

홀로 자리 지킨 연못에게
비가 다가와 속삭였지

난 모난데 없는
좋은 친구가 될 수 있어

연못이 대답하기도 전
비는 연못 품으로 뛰어들어

하나가 되었다.

맛있는 조리법

스스로가 독자를
목숨처럼 사랑하지 않음이니
저 또한 시인을
달가워하지 않음은 당연하다
하늘 향해 간절한 적 없다
생사 넘나드는 자식 보듯
목젖 떨어가며 울어본 적도
벼락처럼 뜨거운 돈 줄 쥔 양
세상 감격해 본 일도 없다
고뇌 없이 다가온 詩想은
세일 순간 바구니에 담긴 무
그 아니면 하나 더하기 하나로
속없이 집는 어묵이다
무더기로 미뤄놓았던 詩語
쟁여두기 참 잘했어하며
뚝딱 짓는 묵은 詩를
맛나게 먹을 수는 없는 일
신선 재료가 우선이다.

맛있는 세상

햇살이 왔다
단조로운 일상을 가르며
온몸 드리겠단 저
유영하는 빛 간직한 꽃잎을
소반에 차리는 아침이다
오늘만큼은 구순하게
꽃과 바람으로 살자
봄날에 가 닿을 요량으로
선뜻 내디딘 발
낯선 길을 여는 위대한 촉
누리를 걷는 걸음 모두는
거룩하다
문을 여는 순간부터
실하게 익는 역사
꽃 그 후
맛있는 세상이 내게로.

무섬의 아이

물가 빛나는 모래 위에
털썩 주저앉을 수 있다는 건
바닥을 믿기 때문이다
시간과 몸이 바닥에 닿아
걱정이 사라지는 시간
아이가 눌린 모래를 뒤집었다
세상 편한 마음을 꺼내
친구인양 앉혀놓고
강이 주는 몸의 일부를
덜어내고 합하는 신성한 놀이
묵직하게 흐르는 강 함께
뜨거운 볕 그리고
세상 두루 섭렵한 바람 함께
강가에 앉은 저 마음이면 좋겠다
누군가 그리다 버린 세상
사방치기 놀이가
한쪽 귀퉁이를 허물고 있다
천지 사방
땅과 하늘이 순서대로
조용히 밟히지만 그저 그뿐
모래 알갱이의 숨을 살리는
아이의 작은 손이 귀하디귀하다

천진난만 즐거움으로
세상을 다시 세우고 있으니.

무량한 나라

무어
세상에 피었으면 어느 날
꽃으로 지는 것이지
끝없는 잠을 위해
신의 은총으로 떠나기까지
온몸으로 잘 살았으면 되었다
키를 키우며
봉오리를 빚고 열던 그 일
씨앗 맺어
나중을 기약하는 순리를
저버리지 않은 기특한 생애
서러운 일 아니다
바삭 마른 몸 깊숙이
누구도 모를 향기 한 병
농축해 담아가는 그 길에
부디 축복 있으라.

암묵적 규칙

꽃 궁금타하여
성급히 봉오리 열지 말 것
피기도 전
야들한 꽃잎 무너지나니

턱 고이고 한나절
속상이야 하겠지만 그대
모자란 듯 기다리다
온몸 여는 그 날이 오면

흠뻑 취하면 될 일.

문신文身

생이 흐르는 길은
참으로 묘하다
보이지 않는 격랑에
발 들이는 순간부터는
헤어날 수도 없고
어찌 헤어났다 하더라도
정강이까지 엉겨 붙은
문신을 지울 수 없으니
삿된 마음 있거나
그렇지 않거나를 막론하고
몰입된 형성 후에
상관되는 아픔이란 건
평생 곤혹困惑일 밖에

여일하게 흐른다는 일은
영원한 모둠
발 담그기 전
色을 조심해야한다는.

사라지는 것에 대해

알 수 없는 기운에 이끌려
심연으로 가라앉은 이름
사라지는 것에 대해
변명하지 않는 푸른 바람만
무수히 일어서는 밤이다
숨죽이는 달이 눕고
귀뚜리 우는 시간
미안한 세상이 먼저 잠들었다
밤이 오면 모든 것은 제자리
언제든 다시 오는데
하늘 멀리로 떠난 사람
다시는 오지 않아
행여 오실까 허공 젓는 손
꽃 지고 다시 피듯
그리운 이 다시 오라고
꿈으로 움 돋듯
무엇으로든 다시 오라고
오오 그러나 미련한 손짓
살아오는 건 그리움뿐.

어쩌지

금이 갔다
단단한 것이 오히려
쉽게 쪼개지는 법
저 획에 공간이 더해져
얼마나한 틈이 될지
알 수 없다

진정을 읽지 못한다면
시간을 나눌 수 없다
돈독한 관계의 무너짐은
믿은 만큼의 마음으로 인해
그 이유 하나만으로도
고통은 충분히 자라게 마련

틈새에 꽃이 핀다
어디로부터 왔는지
알려하지 않아
시작을 모른다
내력은 접어둔 채 오직
꽃을 즐기는 시간

무언가 곁에 두는 일은
고통이며 또한 향기로움
시선이 머물기를 바라는 순간
새로운 욕심이 자라
구속 아닌 구속과 사랑으로
본연을 감게 된다

바람 분다
온몸 흔들리고
영혼까지 쏟아진다
더러는 관계 속으로 들며
무심한 듯 아니 그런 듯
스미기도 한다

세상에 사는 동안
더불어 가는 길이라
홀로 흐르기 원한다 해도
상처와 치유의 반복 속에
그러저러
어우러져가게 마련

기쁘게 세상을 접는 일
가보지 않은 그 나라
이르는 날까지
바람 불고 꽃 피고
색이 들고 또한 지기까지
마음 하나로 살아내는데

다만 한 가지
먼저 당도해 기다려 줄
그 사람 그곳에 없다면.

접사

바짝 당겨야만
고물고물한 속을
맘껏 주무를 수 있는 거다
저만치 싱그러운 꽃
매크로렌즈로 밀고 당기기
일순 숨을 멈추고
곤혹을 치르는 눈싸움은
천상의 씨름이다

풀썩거리는 길섶에서
농밀한 생명을 이어가는
저의 고통을
바람은 알 턱이 없다
얼굴에 분칠을 하고
햇살 아래서 하루를 재는
저와 나의
한 뼘 실랑이에

흐릿한 세월 꼬집으며
선명하게 돋아오는 꽃술.

달팽이

껍질 속으로 들어갔다

순수를 벗은 감성
어려질 수 없는 나이
사람의 도리를
할 만큼 했다는 것도
다만 내 생각
세상 뜨거운 길
견딜 재간 없으니

다시 집으로.

고추부각

무서리 오기 전
익어지지 못한 푸른 고추를
가지에서 훑어 냈다
매운 맛은 들었으나 붉지 못한
단단한 녀석부터
꽃을 채 벗지도 못한
어리고 어린 풋것까지
고만고만한 크기대로 골랐다
한날 땅에 심긴 고추 한 대에서
늦게 피어난 꽃이란 게 죄라면 죄
만만하고 적당한 고추를 골라
풀 입혀 가을볕에 말렸다
한나절 바삭하게 작아진 몸
매운맛도 야물어졌을라나
부각과 영락없이 닮은 친구와
눈 오시는 날 마주 앉아
막걸리 한 통 열고
고소하고도 뜨거운 추억
안주해야겠다.

눈밭에서

우리네 세상에
삶이 늘 그러하듯
혹한으로 인하여
삿된 것이 사라지니
차갑고도 고요한
저 눈밭이야말로
온전한 피난처 맞다
깊이 들지 못해
두려워하던 씨알이
새하얀 정조에 묻혀
순전한 은혜로
평안을 누리는 일
누구도 생각지 못한
하늘 섭리라
온 누리에 공평함은
크신 은혜로고.

2
사랑나무에 열리는 詩

거푸집

긴긴날 알고 왔대도
근거 모를 음란과 방탕
들어설 틈이나 있을까
가랑이 벌린 숲
나무와 나무의 소원함이
더없이 부러운 날에
조여드는 어둠을 삼켰다
쨍그랑 야윈 목숨
뼈에 더부살이 하는 살과
저의 버석한 피부
가쁜 호흡도 샐 틈 없는
겨운 거푸집에서
하나가 되어도 보았지만
바탕을 훌 벗어나면
그곳은 다시 깊은 구렁
나 닮은 저사람
본 적은 있지 하며
그렇게 주춤
끓는 인연을 붓는 지금.

달月아

내 삶만큼은
수평의 적막까지는 아니더라도
일렁이지 말았어야 했다
잠든 척 엎드린 호수
불콰한 지구의 끝자락
극한의 눈빛이라면 혹 모를까
서녘은 천 년 요지부동인데
어디로든 뻗으려는 미련한 섬
소용없는 수런거림으로
평정의 금을 그은 후라면
진정된 수면 위에
바람이 아닌 어떤 변명도
올려놓아서는 안 되는 거다
별을 헤아리며
어눌함 속으로 가라앉는 詩
작정한 변화 앞에서
일평생의 형질을 키우기 위해
허랑 세월에 갇힌 나의 달
날마다 가여운 오늘이다.

별

삼천년 전에 죽은 내가
광화문 거리를 걷는다
고요의 극한
소리를 재운 초릿대 끝의 유연함
초승달과의 대화가 살갑다
거저 얻는 즐거움은 늘 쏠쏠해
경험이 수시로 들썩거리던 밤
이사하던 날의 횡재는
어른이 된 지금도 유효하다
먼지 쌓인 장롱 밑에 숨은
몽당연필 한 자루
주머니에 넣던 보배로운 기억
곡진한 세월이
손을 떠나 도로위로 구른다
위태롭다
무엇을 만나러 세상에
다시 왔는가를 순간 잊었다
머물던 집이 지워지고
영혼의 본향이 생각나는 시간
더 있겠냐 하늘이 물으시면
지금은 아니라고 답하고 싶다.

고로쇠의 변

사는 게 팍팍해서 피를 파는 게 아니다
이유를 모른 채 시작된 채혈
보상조차 없는 뻔뻔한 착취
횡포다
저들 나무와 나무는
혹독히 발 묻고 사는 값을 치루고 있다
백주대낮 처처에 노략이 진행되는데

아무런 관심 없는 저놈의 산
작은 것이 원망하기엔 너무나 크다

산천 무심히 견디며 걸어 온 우리
어쩌면 허리 찔린 고로쇠거나
꼬일 대로 꼬인 묵은 다래나무
뽀얀 정신 앗기는 생떼 같은 날에도
잎을 내며 살았다
현기증 나는 사람의 하늘 아래
혼미해 지는 나무들의 숲

우리여 기어이 살아 아름다이 단풍들자
숨 쉬는 산 우리가 나무고 숲이니.

눈물 어디서 오는가

길 떠났던 그리운 이
돌아와 안부를 물었다
오히려 내가 물어야 할 안녕
다정히 묻고 있다
설움 모르고 살았는데
저 먼 바닥에 웅크린 하나
까닭 없이 일어섰다
슬플 때 그거 눈물 아니야
가슴에 미처 담아내지 못해
은혜로이 넘쳐흐르는
이것이 눈물인 것을
알겠다 이제
사랑 안에 샘이 있다는 사실
그도 알고 있었을까
세상 살다 나는 이제야
사람과 마주한 것이다
나라 안에도
밖에도 다시 없을 이것.

다음에

봄 한걸음 뒤
연두를 앞세워
기세 좋게 푸르러지는 산
좋은 봄날이다
꽃 속절없이 지더라도
다음을 위한 기약
발아래 쌓이는
저들의 무수한 이야기를
발로 밟기 애잔해
렌즈에 담았다
다시보자
하얀 내 사랑.

비밀의 문

의도된 바
겉으론 평범하게
더없이 단아한 문을 열고
안으로 들어가기
적당히 어두운 공간
초 한 자루 켜면 좋을 것이다
유리 볼에 꽃 몇 송이 꽂고
그리운 이를 품듯
우주를 곁에 두는 거다
미끈한 소리가 헤엄을 치고
스물 거리는 빛 자라는 그곳에서
셈하는 세월 값
낯설기 그지없는 이곳
주저주저 마음을 열어보이자
천상의 따뜻한 소리
한세상 사느라 애썼다
비밀번호 누르고 가슴을 펴니
분홍빛 하늘이 왔다.

사랑나무에 열리는 詩

하나에
지치도록 외로운 사람
또 하나를 따라
걸음 옮긴다는 건
이생에 사랑나무를 심는 것
익은 실과를 위해
빛에 빠져들고
두루 바람을 맞이하는 일
미려한 가슴 안에
쟁여진 기도를 쌓는
붉게 익어지는 병病
치열한 솟구침으로
나무 한 그루 심고
수천 과일 값없이 거두는
염치없는 세상에
사랑나무 한그루 심어
무한 詩를 따는
오달진 시인이여.

소반 위의 꽃차

구절초 마른 꽃 은은히 우려
챙챙 맑은 잔에 붓고
마주하는 고요

바람 선들 심연으로 들고
빛살 무한으로 섞이는데
겸손한 아홉 구비의 생애

영혼 맑으면 저런 색이리라
다소곳 고인 찻물
굳이 채우지 않아도 족하다

다시 피는 구절초
이생에선 꽃이다
낮은 가슴 지키는 눈길이다

소반위에 차려진 나물보다
나위 없이 정갈한 호사.

점

점 하나
우습게 보지 마라
먼 수평선 깨알 하나
눈앞에 다가오면
육중한 배 한 척

사랑 또한 그러해.

취醉

빠르게 번어가는
마음 속 길 하나

작정 없이 흐르니
온 누리에 봄

눈앞에 보이는 건
오직 그대뿐.

카카오톡

세상으로의 입문을 위해
육중한 문을 여는 일

손끝 야문 그녀가
톡톡
조개를 캐고 있다

왕국의 소통 카카오
단단한 침묵 안에
꿈 그대 살아 계신지.

파랑주의보

터질 것 같은
붉은 사랑을 안고
어느 곳으로
가야한단 말입니까
잠재우려 해도
가라앉지 못하는
우리 우국憂國의 바람은
제 길 잃고
통한의 곡을 하나니
이 봄에도 속절없이
파도만 울렁울렁
높아집니다 그려
해마다 삼월 초하루면
언 가슴 들추고
어김없는 만세소리
파릇 돋아나는데.

헤어짐에 대한 변명

눈물은 보내는 자의 몫
한숨은 남는 자의 것
불공평하게도
무거운 짐만 넘겨준 채
서둘러 떠나는 이유는
일렁이는 격랑을
주체할 수 없어서라네
시선 둘 공간이 모자라
안을 넓히고
심호흡 해보다가
신을 꿰고
밋밋한 뒷머리 보이며
길을 나서는 오늘
내 저를 어찌 하겠는가
비좁은 가슴에
평생을 묻은 사람
잘못도 있는 것인데.

꼿꼿한 하나로 살아가는

약국 모퉁이 붕어빵 할아버지의 열린 일터
어김없이 붕어들이 등지느러미를 세우고
위병衛兵의 자세로 지나는 사람을 바라보고 있다

산란하지 않아도 무한으로 태어나는 붕어를 보아
내 이놈들에게 무시로 생명을 넣고 있어
질척한 절망을 틀에 부어 몸을 만들고
정의를 위할 더운 피 흐르라 단팥 심장을 채우지
뜨거움 인내하며 어지럽게 빙글 돌고 나야
꼿꼿한 하나로 생을 열 수 있는 것이거든
이 녀석들을 가슴에 품고 올 아비를 기다리다
달려와 안기는 아이를 그려 보시게
이것으로 나는 세상에 희망을 전하는 몫을 하는 것이야

원래 말수가 적은 그분을
어떤 이들은 해병대 출신이라고도 하는데
쪼글쪼글 얼굴 미소로는 전직을 가늠키 어려우나
작은 세상이라고 명명한 구멍 뚫린 철망 위
가지런히 줄 선 붕어의 정렬 상태를 보면
고개를 끄덕일 밖에

송곳바람 지나는 길목에서 오늘도
붉은 심장 채우며 희망을 굽는 할아버지.

그림자

사는 동안
내 안에 들여 놓은 것
몇몇이며
놀라 뛰쳐나간 것
또한 몇몇인지
종일 잊고 살았던 존재
그림자가 사라졌다

은혜아래 작아지다가
수심 가득차면
키다리가 되는 그

모양 갖춘 오늘과는
영판 다르게
세상 저편과 닿는 방법을
홀로 터득한 그가
무채색 그늘로 걸어 들었다
저물녘이면 새삼 그리운
내 안의 나.

詩와 時와

외로운 날엔
가벼이 물위를 걷는
소금쟁이가 되어

저문 고요를 건너며
태곳적 호수에 빠뜨린
묵은 詩를 건지다

시절을 훌 벗고
그대 품에
흠뻑 잠기고 싶다.

시절

들판에서 기어이 살아 온
야생 꽃을 만났네요
맨발로 길 위에 서보니
저들 사는 방법
이제야 알겠어요
가늘게 꽃피울 날을 위해
무작정 견디는 그 것
천지분간 어려운 세상
눈물고인 하늘은
외로운 웃음을 보이지만
홀로 꿋꿋한 나무는
정겨운 잎 숨기고 있어요
저 능청스러운 계절
아무려나 시절은 봄
그리운 당신
이제 돌아오시면 안될까요
초록세상 꿈꾸는 저도
꽃으로 피는데.

악몽

이승에 있는 몸이
잠시 쉬고 있을 그 때
전생을 지우지 못한 영혼은
찰나의 그림자를 자릅니다
시인의 그림자가
순간 사라졌습니다만
걱정 없습니다
설혹 예상 못한 상실에 대해
오산이 있었다한들
그 뉘라 역사에 대해
탕감을 감히 꿈꾸겠습니까
그냥 그렇게 그러려니
애틋한 그림자는 잃었으나
허허실실 속심 위로하는 시인
밤새도록
지성에서 감성으로
돌아가지 못할까를 염려하며
하늘을 건넜습니다.

이정표

가깝다
멀다
그대에게로 가 닿는 거리
몇 미터
때론 수천 킬로미터
운명처럼 가라 명하는
무언의 몸짓
얼마나한 거리에
애틋한 그대가 있는지
얼마의 시간 그 후
그대와 마주하려는지
알 수 없는 노릇
삶이란
늘 목 타는 주문의 순간
청량한 길 가기 위해
햇살과 구름
굳은 어깨에 두르는 저.

내 머릿속 가을

깊거나 넓거나
사람 마음 거기서 거기

세상짐 무게보다 더한
해거름 그림자 질량

기다림에 지친 코스모스
하염없이 피고 지는 생

그래도 그럼에도
정다이 익어만 가는 저.

낙엽

푸른 손으로
도장 찍었던 약속
밤새 단풍들었다
고운 마음으로 익힌 색
천상을 여는 심정으로 나무는
붉은 잎을 안았던 것
계절 닫는 마른 손가락으로
안녕을 그리는 저녁
쉼 재촉하는 바람 함께 잎은
바닥에 내려앉았다
떨어지는 낙엽은
실패가 아닌 고귀한 완성
저 발아래
상급이 수북 쌓인 거 맞다
평온으로 가는 넉넉한 색
온통 붉은 길.

3

한 그리움이
또 한 그리움에게

사랑 그대

채울 수 없는 마음의 상자
택배로 배달되었다
빈 우편함 더듬던
간절함보다도 더욱 허망한
공간을 마주한 느낌

함께이고 싶은 마음 넘쳐
오히려 떠나려는 사랑 앞에
속수무책인 지금
건네지 못한 말과 감춘 단어
숨의 틈을 헤아려본다

색으로 기억되던 일평생
시절 접는 꽃
어쩌겠는가 보내야지.

아찔한 사랑에 삐끗하고도

뒤척이는 시간 사이
올곧은 성정
맑은 영혼으로 하루를 산다면
다음 날 또 그 다음 날
빛이 살아 날거야
두려움에 겹질린 세월
알고 있었지 이미
그러나 눈앞에 보이는 손해
아찔한 사랑에 삐끗하고도
여전히 하늘을 우러르는 건
착해서만은 아니야
살아남아 지켜야 하는 길
하 세월 눈물이면 무어
처음 하나가 되어
조심스럽게
세상없는 사랑을 하는 것이지.

새는

나무를 건너는 게 아니고
마음을 건너고 있는 거예요

익숙했던 세상 낯설어
두렵기만 한
숨은 꽃 한 송이를 위해
믿음의 성에 닿고자
신중하게 길 여는 당신

영근 소리 섞이는 시간
꽃이 새를 따라 나서는군요.

어머니

어머니는
연약한 뿌리를
가슴으로 보듬는
포실하고도 더운 땅
또한
바람들판에 엎드려
조건 없이 웃는
누리의 꽃 민들레
이 모든 것이니

우리 날마다
평온한 봄날.

한 그리움이 또 한 그리움에게

별이 되려 하늘 여행을 떠나는 당신께
별을 바라보는 애틋한 마음들에게
선물 같은 아픔이 찾아오네요
별의 안식을 위해서라면
남은 우리 아픔쯤이야 당연히 참아야 하지요
이별 또한 하늘의 선물이라면
우리는 선택 없이 받아 안아야만합니다
빛으로 사신 당신
이름 안에 차곡차곡 빛을 쌓는 방법을
잘 아시는 당신께서
푸른 별이 되어 내려다보십니다
별이 되려면 우리
빛 된 삶을 살아내야 하는 거라고
그래야 빛을 품을 수 있다고
반짝임으로 지금 일러주고 계십니다
별이 되어 만나는 그 날 손잡고 어둠 밝히며
정다운 시간을 가지기로 하자시네요
그동안의 숱한 이야기
서로를 그리워하며 말하려던 안타까움

하 많은 이야기를
부디 발 빠른 바람에 실어주세요
남은 그리움에게 위로로 전해지라고.

* 생을 마무리하는 소중한 시간에 제 시집을 읽어주신
귀한 독자 하홍대님 영전에 이 글을 바칩니다.

착한 사랑

젊은 날의 강
숨 가쁘게 건너던
사람과 사람의
눈 맞춤
섞이던 말
지치는 일과 사랑
때로 욕설
예까지 흘렀으나

흘러간 것 잊고
가끔 정한 날에
멈춘 자리에서
부드러운 숨 쉬며
착한 사랑을 하려해
유일의 웃음으로 밝히는
가장 긴밀한 거리
환한 그대 안에
스미고 싶어.

그대

순한 성정으로
마음 동글해질 때까지
보듬고 쓰다듬기

여린 바람
바위를 어르며
틈새 진달래 피우듯

느리고 여유롭게
연두로 분홍으로
그대는 그렇게

은혜로운 선물
천년 기다린 고백
봄날은 이렇게.

그리움

사람 살다 가면
그 자리
나무가 뿌리 내린다네

우뚝 선 저 언덕
예전 누군가
애틋한 맘으로
손잡고 서 있었을 테지

저 편에서 바라보면
이 또한 신비의 별
뿌리내린 언덕에
그리운 나무가 살고.

기도

– 암 병동에서

천만 년 생존 지침은
힘써 어둠을 막는 일

마뜩찮은 시한을
스스럼없이 받아들일지
통으로 거절 할지
답을 정리하기도 전
상기된 하늘이 다가왔다

맛깔나게 쌓인 능선을
지그시 깨무는 석양

설익은 어둠일 뿐인데
무엇이 급해
육감을 좇던 계곡물까지
앙가슴 찔려가며
어설피 별을 품으려는지

빛 새어날까 눈 닫고
영혼 추스르는 땅의 기도.

기다림

잎차를 넣고
더운 물을 부었다
차지도 뜨겁지도 않은
느긋함으로
고요히 기다림
차를 우리는 일은
잎에 살고 있는
햇빛과 바람을 만나는
숭고한 의식이다
서두르면 들을 수 없는
겸손한 말없음에
귀 기울이는 일.

나의 이름에게

한 방향 바라본단 전제로
허공에 부질없는 손짓
각각의 곳 바란다 할 지라도
무참한 길 함께 한다
살아남은 영혼의 줄기라도
엮을 수 있으면 그것이 사랑
두려움과 화
머뭇거림으로 일평생
발 묶이는 일에 탕진했다면
헤어짐 없이도 외로운 하나다
아닌 척
목숨 감추는 이름 곁에서
떠나지 않고 여물어 준
땅의 시인에게
순하게 꽃물 든 얼굴로
'이제 詩作이시니이다'
선물 건네는 고마운 노을.

관계

침범하는 오만 가지 차단

하여 평화롭다면야
단호하게 선 그어야하지
넘어오지 말 것
넘나들지도 말 것
되도록이면 쳐다보는 일도
하지 말아줬으면
절대라는 수식 앞세우기 전에
스스로 저들이 멀어졌으면

그러다간 하나도 곁에 안남아
그것이 무어
무너질 만큼 나약하지 않게
별과 바람 사랑도 곁에 있으니
흔들 유쾌한 가을 날
붉은 꽃 위해 몸 부비면 되지
벼랑만큼 척박한 시간에 매달려
세상 섞는 둥근잎꿩의비름처럼.

갸륵한 사랑

심중에 어둠을 채우고도
말할 수 없음은
짙은 고뇌가 그대에게
혹여 전해질까
염려한 까닭입니다
세세한 바람의 가닥까지
이야기하고픈 심정은
이루 말할 수 없음이지요
봄 지나 가을
피고 진 꽃보다 더 많은
믿음을 키웠고
무거운 잎은 벗었습니다
맨몸으로 이제
하얀 들판에 서있어도
두렵지 않습니다
기어이 행복하고야 말리라
그만을 생각하면
더 이상 비련은 없을 테니요.

산다는 것은

바람을 들인다는 것
숨 고르며 손 넣어
온도를 가늠하는 일
혼을 담은 그림이 되어
주저 없이 매달리는 것이다
잔잔한 말로
든든히 위로를 쌓는 것
밀착된 선을 따라
굽은 듯 그러나 곧은 맘으로
달리는 그것이기도 하다
산야가 꽃으로 들썩거려도
잎 하나 소중히 가꾸며
묵묵한 초록을 내미는 일
그러다 문득
텅 비운 몸 충만히
옛사람 생각이 차오면
달빛 그리기 전
땅의 노을에 취하는 일이다.

살아보면

어물대는 계절
남은 겨울을 만났었지
꽃눈에 쌓인 철없는 눈雪

사람의 곳에도 간혹
때 지나도록 질기게 머무는
무진 고통 따위

오오 그러나
우리 사는 세상
내편 되는 하늘 있어

기다리지 않아도 봄
온 누리 꽃마을
살아보면 알게 되느니.

살며 감사하며

폭염 찌는 날 개미 한 마리
작정한 곳이 있는지
빠르게 작은 발 옮기고 있다
망설임 없이 홀로 가는 길
진정을 찾아 나선 걸까
평탄한 길 감사히 질주하는 저
욕심으로 갈팡질팡하는
사람보다 야물다
뜨거운 걸음 멈춘 자리
어쩌다 저를 만나
등 찌르는 햇살 고스란히 받고
맥없이 땀 흘리고 앉아있었네
해 아래 뉘 게나 수월치 않은 삶
구름 그림자 산에 내려
잠깐 시원함 선사하듯
꼭 그만큼만 은혜로운 세상
간혹 그만 일에도
감사하는 가슴이라면
제대로 사는 거다.

편안한 詩

숨을 언제 쉬면 좋을까
독자가 묻고
숨 쉴 행간이 필요 했구나
시인이 생각했다

계단 없이 오르는 詩
난해한 언어만 즐비하니
이제 숭고한 비틀기와 이별하고
편안한 시를 찾으러 가자

햇살을 고르고
순한 바람을 들여
작은 들꽃 피우시는 그분께
제대로 배워야겠다.

평안

꽃 닮은 별이다
별인 양 빛나는 꽃이다
예스런 웃음
수더분한 기운
더없이 온전한 길이다
인연을 짓는 오늘
수많은 촉을 헤집다
어찌 내게로
닿았는가 그대.

온유의 길

그녀의 길은 연둣빛이다
천상의 언어를 안고 가는
걸음걸음 싱그러운 새봄이다
목적을 잊은 들 무어
볼 부비는 잎을 보며 평안
성찰하는 바람의 손을 스치고
나무 등걸을 위로하며
굳은 세상 멈춘 채
스스로 길이 되는 그녀이니
가녀린 허리로 인사하는
분홍의 노루귀도 만나겠지
온유함 그 하나로
행복의 중심이 된다는 거
분명 하늘 은혜다.

사는 법

세상 모든 것은
빛을 먹고 꽃으로 피나니
어느 한편에도
영원한 그늘 없다는 걸
꽃은 안다
색 바랜 시간이 지켜보는 한
피고도 지며
씨앗 맺고 열매를 키우는
저들의 갸륵함
다툼 없이 햇살 나누며
고루 열매를 익히는 지혜
평범한 날마다에
사는 법 있으니 따르면 된다
천지사방 신선한 빛
누리는 은혜에 눈을 뜨면
발붙여 자리한 곳이 완전한 땅
사는 법 배우려는 자
천만송이 꽃을 만나자.

보이지 않는 길

평생 무료하게
땅만 보며 걸었습니다
타박타박 외로이 걸음 쌓느라
은혜로운 하늘이 있다는 걸
까맣게 몰랐습니다
詩가 찾아와서
어깨 톡톡
혼자가 아니라고 말해주었지요
보이는 것보다 소중한 길이
가슴 속에 들어 있다는 걸
잊고 살았군요 제가
지울 수 없는 길이
진작 내 안에 번어 있었음을
알게 되었습니다
귀한 길 동행할 인연과
따스한 말 엮으며 날마다
詩의 길
바람 닮은 그 길 걷겠습니다.

겨울비 그 후

그 사람 가고
마뜩찮은 몸살이 왔다
영 가버린 것은 아닐 테지
사랑 잃은 마음을 쓰다듬었다
꺾인 날개에
꿈을 불어 넣으며
기운차려 하늘을 걸었다
땀으로 젖은 지구의 몸
안개가 자욱하다
발아래 빛바랜 잎 하나
그도 나인가
바라보던 순간 사라진 웃음
마른 체구가 유난히 애처롭던
겨울비 그 후
보배로운 천국의 꽃이
사람이란 걸 알게 되었다.

4
꽃처럼 가자

봄날 예찬

바람 심하게 부는 날엔
그리운 이와 마주치기 위해
무작정 길을 걷기로 하자
묵은 한기를 털고 있는 부풀린
쥐똥나무 담장 지나 밭 둑
선홍의 나팔을 불던
유홍초 마른 덤불 아래
소식이라도 있지 않을까
보고 싶은 얼굴을 파보는 거다
끓는 가슴과 무관하게
침묵 고스란히 앓다가
여한의 세월 박차고
세상 어딘가로 뛰쳐나가는
들꽃을 만나주는 거다
만취한 아지랑이 사이로
늠름한 저가 걸어오고 있다
겨드랑이 아래 무수히
향기를 거느린 봄의 전사
이 사랑 어찌 아니 맞으랴.

봄날 단상

오호 제대로 봄
봄이니까
지금 오신다 그

다리 건너는 저어기
순한 아지랑이를 앞세운
천군 거느린 연인

들판 달리는 노래와
빙그르 꽃의 춤
이같이 수려한 봄날엔

가슴 열고
빗장도 푼 채
빛을 들이자.

꽃처럼 가자

꽃 지듯
인생 무심히 지는 날
뒤돌지 않아도 될
그런 인연이면 좋겠다
바람 시원해 좋구나 하며
웃고 가는 길이면 더욱 좋겠다
마음 훈훈히 이 땅 떠나는 날
억겁 풀어 길게 한세상
잘 지냈다 하늘에 감사하며
가벼이 손 놓을 수 있는
새날이 되기를
넘어진 무릎 훑터보다도 서글픈
사람으로 하여 아픈 상처가
흔적 없이 잊혀 지도록
오래된 가슴 통증 슬그머니
지면에 놓고
가벼이 떠나고 싶은 그날
투명한 사라짐마저도
무진 행복이기를.

꽃

마음과 마음 닿으면
꽃이 되느니

바람 흔들어
잠시 곤할지라도
더욱 수려한 서정

피인 꽃 모두는
사랑이다.

꽃과 그대

멀다
가깝다
마음의 거리
생각하기 나름

오가는 길
멀어야 좋아
아니지
가까울수록 좋지

꽃과 그대
그리고 바람.

꽃과의 대화

우주 안에
잡는 일
놓는 일
어느 하나
쉬운 게 없다.

꽃보다 향기로운

동산이 안개 속으로 사라졌다
꽃술 가득 빗방울 달던 부처꽃도 숨었다
이름도 예쁜 병조희풀 동자꽃
모싯대 층층잔대 물레나물
언덕 가득 낮게 꽃 피우던 분홍 둥근이질풀
오이풀에 매달려 가을 부르는 잠자리
함백산 산상의 화원에 모여 살던
작은이들이 다시 얼굴을 보일 즈음
매크로렌즈를 장착하는 내게
그로부터 문자가 왔다
'보고 싶어'
꽃을 보려 한달음 달려온 나
같은 마음이다
'기다림이 너무 길어'
꽃피고 씨앗 여물고 겨울지나 봄여름
꽃 만남도 그래요
참고 기다려야 만날 수 있는 거지
일 년 만이다 꽃
철따라 와주니 반갑고 고맙다
'빨리 보고 싶어 고운 내님'
왜 아니겠는지
꽃에 허우적허우적 취한 나에게로
내님에 취한 그 사람의 보챔이 당도했다.

꽃을 보내며

소리 없이 스미는 유혹에
다 주었다
그도 온 힘으로
혹독함 견디고 예로 왔을 것
꿈 키우는 바람에게
단 한번 눈 맞춤
탄력 있는 빛살에게
속에 든 이야기 한번
사는 동안 사랑 그게 다였다
새로운 길 혹여 찾을까
홀로 구름 헤집던 날
저물도록 세상 미련하게
꽃으로 살았다
우주의 하나로 와
순순히 이별하며 사는 숲
열매는 안에 들어 크고
시간은 영글었음이니
이제 비 온들
눈앞에 꽃 좀 지기로.

사월에

그 해 사월에 우리
가장 소중한 사랑을 잃었어요
진종일 동동 거리며
익숙한 목소리를 기다렸던 시간
꽃 피고 바람 순한데
느닷없이 뒤집힌 종이배에서
별이 쏟아지다니요
바다에 들지 못한 꽃이
천지 사방 이름을 찾고 있었는데
그 순간 떠오르던 얼굴마저 사라졌어요
죽도록 바다를 헤집어도
어디에도 없는 너와 나의 이름
길 잃은 별이 우수수
파고드는 가엾은 오늘이네요
세상 더없이 야속한 일
다시는 만날 수 없다는 말
오오 꽃은 이렇게 해마다 오는데
못다 핀 사랑은 아직 아니 오시니
길을 아주 잃은 건 아닐지
지켜 주지 못해 정말 미안해요
눈물조차도 미안한 우리
웃는 얼굴 얼싸안을 날 기다리며
저 바다 깊이 잠긴 당신 이름
기억하며 불러보네요.

비 오는 날

줄 하나 긋고 아픔
줄 하나 긋고 눈물 하나
더 이상 밀릴 곳 없는 벽을 타고
상실이 흐른다
구만리 떠난 미련까지
끌어 놓을 심산으로
비를 칠하는 지금의 마음
허기져 바닥에 누운 것들을
일으키려는 생각 저 끝에
뜻밖에도
목에 걸려 넘어가지 않은
내 몫의 서툰 시절
버려진 사랑이 남아있었다
아직 끝 아니어라
은혜로이 헤치며 오는 당신
비긋는 하늘 틈으로
파고드는 詩.

동백

등 돌려 모르는 양
되돌아가는 봄
어렵사리 핀 꽃잎 위
황망한 눈 속절없다
켜켜로 바람 쌓던 골짝에
두고 가니 야속할 만도 한데
온몸으로 피고 지며
눈물도 아니 흘리는 저
첩첩 산 바라는 속내를
나는 몰라라
뜨거운 사랑이면 되었지
그것으로 족하다
오늘도 그러저러 살다
뜻을 따르는 것
동백이 순백 위로 누웠다
맴도는 고요 속으로
봄 드는 오후.

동백 숲에서

꽃 지기로
삶이 지는 것 아닌데
해 지나면 다시 오는 꽃
반가이 보면 되는 것이다
떠난 그대
따라 나서지 못하고
설운 자리 지킨 몫으로
받는 선물이려니
하며 누운 꽃 주우러
동백 숲에 들던 날
엎드린 그녀와 함께
혹여 지난 날 더듬으면
당신 오시려는지
노란 꽃 술 지켜보던
붉은 눈시울.

다시 꽃이다 동백

그녀 정경숙 화가의 손끝에서
꽃이 피었다
착한 열정이 꽃으로 온 것이다
두런두런 복된 소리에
혼절한 꽃잎이 모두 살아났다
어여쁠 때 만나지 못했던
아쉬운 사랑이
낮은 곳을 견디고 일어나
설레는 그림으로 돌아온 것이다
정성을 붓고 기다림
그 후 존재하는 저의 어엿함은
오롯이 사유할만한 기쁨이 되었다
무엇으로든 생생히 살아있으니
다시 꽃이다 동백.

산상의 화원

살이 찌는가 아니면
키 크는 건가
산의 무릎 아래 돋아난 연두가
초록으로 무성해진 어느 날
몸집 키운 사이사이
폭염 아랑곳 않고
여기저기 작은 꽃 피었다
이야기를 담은 맑은 얼굴이
갸웃 거리는 들꽃 세상
씨앗을 지키느라
말없이 분주한 이곳에
동자꽃 산비장이 벌개미취
둥근이질풀 자주솜방망이
오이풀 부처꽃 단풍취
층층잔대 모싯대
저들이 어울려 웃고 있다
마음 갈피에 꽃잎 포갤 즈음
산은 하늘을 어깨에 두르고
모든 날개를 불렀다
나무마다 바람을 늘어뜨리며
준비하는 투명한 축제
계절을 머물게 하는
신비한 성품의 그가 사는 곳
그리움도 피고 지는 만항재.

산정호수

산이 한 겹 한 겹
세월을 벗고 있다
앞서거니 뒤서거니
달리는 마음 토닥이며
물든 허공 바라보는
노을의 눈에
청보라 꽃이 피었다
그리운 산정에
달이 잠긴 후
심연으로 달아나는 빛
진한 어둠 속에서
色을 건질 수 있다면
천년 사랑을 그려 내리라
그대 함께 빚은 詩
살아오라고.

흐린 날

쏟아질 듯 묵직한
회색빛 날엔
코코넛 향기 스민
바삭한 과자 베어 물 듯
시집 한 권 열고
시 한 편
조각조각 낱말을 고르며
사부작사부작
영혼을 도닥인다.

폭염

시간마다 유황불 속이다
한식경 내리꽂히는 참견이 뜨거워
엿가락처럼 휘어지는 길
등짐에 매달린 등록금 버겁기만 하고
어머니 입원비 중간 계산서는 눈앞에 선명하다
안전모 속에서 시종여일 뚝뚝 떨어지는 근심을
무엇으로도 지울 수 없는 오늘
노동자에게는 오직 잰 걸음만이 살길인데
점점 무거워지는 흙먼지 작업화
몇 십 년 만에 찾아온 불볕더위에
늘어져버린 강아지풀 위로
소나기라도 한줄기 퍼부었으면.

초가을 단상

정겨운 말 한마디에
눈물짓는 날
선연한 하늘을 영영
저 자리에 묶어두고 싶다
간간이 굽은 길 따라
제대로 휘어진 등도
오늘은 왠지 서럽지 않고
책망도 아프지 않다
석양 뒤로 숨는
애옥살이 매미의 저 소리
슬퍼 목메어 울다
사랑하고 기뻐도 하는데
서둘러 색을 내는
수런수런 벚나무 잎
여일한 세상살이라지만
오늘만은 특별한 웃음
함께 나누는 가을이
달디 달다.

낙엽

푸른 손으로
도장 찍었던 약속
밤새 단풍들었다
고운 마음으로 익힌 색
천상을 여는 심정으로 나무는
붉은 잎을 안았던 것
계절 닫는 마른 손가락으로
안녕을 그리는 저녁
쉼 재촉하는 바람 함께 잎은
바닥에 내려앉았다
떨어지는 낙엽은
실패가 아닌 고귀한 완성
저 발아래
상급이 수북 쌓인 거 맞다
평온으로 가는 넉넉한 색
온통 붉은 길.

억새축제 명성산

시월 투명한 날 명성산 올라
작은 돌 찾아 앉으면
천만 바람소리 우거진 너머로
빛나는 머리 결
온유한 여인이 다가온다
멈춘 듯 영원한 침묵 하나로
이승의 지난함 위로하며
스스로 안기는 포천
숨는 일도 소용없는 역사 속
궁예 울음소리 가득한 명성산에
단풍 빛 사람이 오르고 있다
촘촘 발붙인 가을이 보드란
지금은 은빛 축제의 시간
그저 흔들리면 그뿐인
살아 행복한 결 따라 걸으며
순응하는 세월 배워가는
땅의 사람들
하늘아래 맑음의 깊이를 재며
바람과 함께 출렁이고 있다.

입동입니다

계절 가르는 선을 찾으려
비 젖은 낙엽 뒤졌지만
어디에도 경계를 알만한
단서가 보이지 않았다
떨어진 모든 것들을
허망하게 바라보는 사람을
외려 딱하게 여기는 단풍
지는 일 무슨 상관이랴
일생 마감하는 것을
염두에 두고 살아왔음이니
선 없는 바닥도 괜찮다
날 세운 감각으로
매사 이기기를 갈망하는
사람 평생이 오히려 가여운 것
순연하는 법을 몰라
지는 날 두려워하는 모두에게
앞선 단풍이 절기를 알린다
"입동입니다"

5

축복을 위한 수업

건배

상실의 시간 그 언저리에도
계절은 살아있어
빈자리 허망함 이길 수 있으니
인생 한 꼭지마다
위로가 존재함을 알 수 있겠다
이웃의 참한 눈길
더불어 발붙인 그로인해
텅 빈 가슴도 서럽지 않은 날
에이는 푸른 하늘을 안는 일
다만 그 하나는 나의 몫
관계를 내려놓는
시절 인연이 끝나면
세상 허무만 남을 듯하지만
바람에 취해 단풍든
잎 하나로 위로를 받았으니
숭고한 넘침을 위해
풍요를 훑고 간 들녘 상처를 위해
다시 만날 수 없을 지도 모를
내일이란 가제假題를 위해
목적 없이 투명한 잔을 들고.

하루

포롱 포로롱
산새 한 마리

날아도 날아도
하늘이 멀다.

날마다

있을 자리
애써 정하지 말기로요

어느 날엔 옆
또 한 날엔 등 뒤에
때로는 앞에서
마음 건네면 되니까요

다 드려도 아깝지 않을
당신 위해
해도 달도 따고 싶은
날마다의 하루

내 안에 있는 그대
그대 안에 살고 있는 나.

팥배나무

전에 없이 낯선
내 안의 나

태곳적 사람이
점령하고 살던 몸
나무 되려는 사람과
사람 되려는 나무의
소통을 위해
바람이 불었고

몽매한 생각
녹던 봄날
하늘 움킨 팔에
문득 푸른 잎 돋고
산방꽃차례
희게도 피어났다

낙엽 큰키나무로
이 땅에 살고지려.

지금

어디 있는지가 중요하지
도시를 휘젓는지
들길에 머물러 섰는지
다리위에 서 있는지 바로 그것
가고 싶다 하여
생각 따라 갈 수 있는 것 아니고
싫다고 안가기도 어려운 노릇
어른이 되고나니
발밑을 살피게 되네 가끔은

멈춘 여기 어딘가 하며
무엇을 보는가도 중요하지
여울의 물살을 세는지
흐르는 하늘을 바라는지
같은 마음 어디에도 없으나
어제 오늘 마음 다르다고
홀로 또한 그것 아니라서
외로움 지켜주는 사람도 있고
때론 무심히 외롭기도 하면서

모양 각각
그러나 더불어 흐르며
사람이 되고 싶어
하늘 땅 사이로 손 넣는다.

마실

천천히 계단 내려오다
카페 앞에서 멈추는 햇살
갓 구운 빵과 커피향이
하얀 벽에 기대어 손짓을 한다
세계의 언어와 각양의 모습
스치며 가고 지나쳐 오는 북촌

위로 없이도 평온한 날
사람 속으로 들어갔다
조물조물한 무명의 피조물
화사한 꽃 가방의 보드란 살결
하늘 스민 머플러의 흔들림
익어가는 거리와 계절의 소리

사람을 품는 서울의 골목
홀로 걸어도 즐겁다.

처녀를 꿈꾸며

사람이 해변으로 모여 든다
포구가 아닌 곳에 정박한 배가
비밀스럽게 준비를 끝내는 시간
꽃처럼 피는 앞뒤 모를 발자국
발밑에 엉겨 붙은 삶의 지루한 행적이
그네의 신발에 덤으로 묻어 와
작은 배를 거침없이 유린할 그 때
질끈 눈감은 누이가 아득한 시간 끝에 섰다
깊은 물에 몸을 담는 남자
오로지 위로받기 위한 거친 호흡으로
쾌락을 샅샅이 삼키는 바다
물은 하나로구나 어 … 하
오감으로 향하는 책임 없는 신음 사이
풍진세상 헤엄치며 멀어져가는 그리운 사람
가끔은 아주 가끔씩은
풍랑으로 무섭게 바다이 뒤집어져야
저 알 수 없는 세월이 말끔해 지는 거다
삶을 고속 충전하는 남자 앞에서
밤마다 고통을 껴입는 여인
꽤 유명한 번지를 딛고 살던 그녀는
날마다 바다를 뒤집었다
파도에 시시로 흔적을 지우는 해변처럼
태곳적 부끄러움을 접은 채

길게 누워 정성껏 달빛에 몸을 씻으며
이름을 지우는 그 여자.

이제

목련 꽃잎 지고 나면
이읏고 나른한 봄
접은 세월이 달 아래 섧다
다시 올 꽃 지기로
서운할 것은 무어람
세상 어수룩한 사람만이
남은 목숨 주워
책갈피에 간직하는 법
적막한 색 한껏 바래는
당신과의 밀접한 관계
푸른 영혼 따라 이우는
구척 바람의 그림자
순간 망설임 없이
두려움의 소리를 닫았다
이제 남은 건
어둠 없는 선한 하늘과
그 인자하심.

이제라도

시간의 벽에
나뭇가지 여럿 그려놓고
뿌듯하게 바라보면
무엇이 달라지나
싹이 나는가
꽃이 피는가
뿌리 없는 나무는
봄이 와도
도통 소용없는 거다
근본을 가꿀 요량이라면
뿌리를 내려야 하느니
비탈진 언덕이라도 올라
흙속에 발을 묻어라
삶에 굼뜬
허공의 나무여.

좋다

꽃과 사람
그리고
진솔한 이야기
유일한 사랑 하나

있어서 좋다.

은하별

바람도 아니고
꽃도 아닌
그대를 만난 건
아주 적당히는
행운이기도 하였으니

아득한 세상
먼 길 돌아나기에
뾰족 날 세워
서로를 아프게 할 일
그 무엇이랴

어차피 하늘에 들면
오한에 떠는 별 되어
부둥켜안은 채
한 빛으로
살아갈 터인 것을.

축복을 위한 수업

비우고 눈 감으면
희고 푸르다
싱그럽다
달콤 분홍이다
이와 같은 전언에 짜르르
소리를 머금은 색과 빛
조화롭기도 행복하기도 한
평안의 온도
그예 맑아진 생각을
하늘에 휘적휘적 그려 본다
아련하게 지울수록
착해지는 그림
여울 따라 물 지나듯
바람이 달아나듯
세월은 그만 가는 것이라
일마다 마음으로 보는 연습
축복된 상실을 위해
눈 감아야 하더란.

바람 불어도

험난한 오늘
구름 내린들 대수랴
그대 눈빛이면 되었다
세찬 바람 불어온들 무어
유연히 흔들려 주기로 하지
햇살 없는 날에도 우리
무너지지는 말자
젖은 마음으로
세상 배회하는 일 따위
저편으로 밀어두고
구릉에 모여 앉은
들꽃 저들처럼
하늘을 이고
순하게 살아내자.

떠나자

강산에 봄이 왔다
꽃 피고 진다

만나고 헤어지는 세상
반가움으로 만나고
서운치 않게 헤어지는
사람의 세상 꿈꾸다
헛헛해
눈 들어 보니
누리에 봄이 찼다
떠나자
정한바 없이 떠돌며
집 벗고 유유자적

노래 한 짐 진 채
홍백 꽃 따라 남도길.

사람

들판 가득 비 붓는 오후
폭우 속 한 켠 어둠 즐기는 사람
보이던 것이 슬 멀어지고
소리가 일어서는 방
푸른 입술로 시간 메우며
아다지시모 안단테 흔적 긋는 악보
실금 간 뼈의 통증인 양
존재를 알리는 중저음의 혼
간격 몰라 자리 비운 몸
낙 없다
셈 시작되고 나면 어차피
덜어낼 수 없는 모두의 나이
하 무상한 일
공간 메울 하늘의 요량인지
집요히 비 내리시는데
마음 따라 쏟으면 행여
삿된 것 함께 떠내려갈까
탁한 눈물 흘려보는.

불면, 불변

오늘도 되다 만 글 하나를 베고
잠을 설쳤다
꿈도 아닌 것이 우두둑
뼈를 꺾으며 들어서는 밤이면
도통 이름도 알 수 없는 존재를
만나느라 진땀이 난다
미려하던 꽃 지고
과묵한 노을도 잦아든 계절
그림자를 서둘러 접는 어둠 후
할 수 있는 일이라고는
詩를 그리는 일
어느 하나 신통한 게 없다는 세상에
덧칠 할 무진한 색을 궁리 한다
흑과 백의 세련됨을 능가할
그 무엇을 고르다 마주친
갸륵한 허공
예리한 새벽 소리 끝에 걸린
하늘이 그린 詩를 읽었다
시공을 넘는 침묵 위에
밤새 아무것도 얻지 못한 나
얼마나 다행이냐.

퇴직

지나온 길을 말아 들고
골목 끝에 섰다
결코 가볍지도
부드럽지도 않은 길이
굴곡진 옆구리를 찔렀다
막막한 도시에는
주인 없는 어둠이 내렸고
익숙한 길이 사라졌다
서운하기 짝 없는 관계
혹여 놓칠세라
생의 정곡을 찔러가며
감사를 노래했건만
지금은 안개 깊은 꿈 속
소리 내지 않으려 조심
딸깍 다리를 건너는 영혼 앞에
누구도 넘지 못하는
단호한 벽이 살아났다.

폭포처럼

온몸 물 되어 던지는 것
삶이다
작은 힘으로 흙을 적시다
여울 지나고 돌 어르며
혹은 꽃 잎 안고 팽그르르
빛과 유희 속에
만남을 더하고 몸도 키웠다
시시로 고요히
때론 격정적으로
다만 흐르기에 여념 없던 물은
쉼을 배우지 않아
누구나 그러하듯
멍든 시간으로 내달리다
천길 절벽 아래로
뛰어 내린다
이 또한 우리의 시절
천천만만 나날의
겁 없는 흐름이었을.

마음

겨울비 오시는 날
문득 생각났다
그 사람 지금
찬 곳에 누워있겠구나
이생에 사는 나
따뜻해서 미안해.

후회

사는 동안 한번 쯤
진한 가슴으로
뒤돌아 본 날 있었는지

오오
생각 못했네
그저 그냥 그렇게
다만 가는 길 그대로
어딘가 온전하게
닿는 줄만 알아서
사람의 세상
길 따라 하염없이
걷고 걸었다네

무진 사랑하는 그 일
하지 않았음을
마음 멈춘 후에야 알았네.

<작품해설>

렌즈를 통해 바라보는 선시禪詩적 이미지즘

김 순 진(문학평론가 · 은평문인협회 회장)

렌즈를 통해 바라보는 선시禪詩적 이미지즘

김 순 진(문학평론가 · 은평문인협회 회장)

이 세상에 고향처럼 정답고 푸근한 것이 있을까? 오죽하면 '고향까마귀'라는 말이 생겨났을 정도로 고향이라는 말은 이유를 불문하고 반갑다. 하은 시인은 고향 포천의 선배다. 게다가 사촌형의 친구다. 그래서 나는 평소 하은 시인을 누나라 부른다. 나는 맏이로 자랐기 때문에 누나에 대한 막연한 동경을 가지고 있다. 그렇지만 맏이로 자란 사람들은 형, 누나란 호칭을 잘 쓰지 않는다. 정말 가족처럼 느껴졌을 때 속에서 우러나와야 그런 호칭을 쓰게 된다. 내가 사회에서 만난 여자선배를 누나라 부르는 사람은 거의 없다. 외롭게 자라 혈혈단신 서울살이를 하고 있는 나에게 그녀의 다정다감하고 챙겨주는 말은 고향에서 올라오는 푸성귀처럼 반갑다. 내가 그녀를 누나라 부르기까지는 근 20여 년 동안 그녀가 보내준 한결같이 고상하고 우아한 성품에 기인한다. 나는 저런 우아함이 어디서 나오는 것일까 내심 궁금해해왔다. 그러나 그 숙제가 이번에 시집 원고를 받아들고 풀렸다. 그녀의 내면세계는 실로 넓고 깊었다. 거의 모든 시를 자신의 거울로 삼아 시를 쓰고 있었기 때문이다. 하은 시인이 쓰고 있는 시에는 대부분 스토리가 없다. 필자가 주장해온 스토리문학과는 상반된 시다. 하은 시인은 왜 그런 시를 쓰고 있을까? 그것은 그가 시의 의미를 이미지와 선시禪詩에 놓고 있기 때문이다. 처음 선시란 말이 쓰인 것은 불교적 시를 의미하는 말로 쓰이기 시작했지만, 지금의 선시 개념은 자아실현을 위해 자신의 내면을 들여다보는 말로 확장되었다. 시의 의미를 스토리에 놓느냐 이미지에 놓느냐 선시에 놓느냐는 매우 중요한 시의 창작방법이 된다. 시에 있어 이미지는 매우 중요한 부분을 차지한다. 시에 있어 스토리를 진실이라 한다면 이미지를 심상이라 한다. 나는 그동안 진실이라는 것은 시에 있어 필수불가결한 것이라고 강의해왔다. 그런데 이번에 하은 시인이 보내온 시집을 읽으면서 그것이 편견이었음을 시인한다. 왜냐하면 하은 시인이 써낸 시편들의 면면을 살펴볼 때, 시는 심상, 즉 이미지라는 생각을 지울 수 없기 때문이다. 다음 시 한 편을 읽어보면 그 대답은 확연해진다.

도통 겁이 없는 저
내안에 살고 있는
느슨함이란 녀석은
영 눈치도 없다
세월 앞에 조급하여
동동거리는 맘도 모르고
세상 살면서 맞닥뜨리는
일에 대하여도 모른 척이다
늘 있을 것 같은 오늘은
망태버섯처럼 꼿꼿하다가
반나절 제풀에 주저앉는 법

값없이 주어지는
반복되는 하루하루도
화수분 아니니
가슴 단단히 여미고
야물게 살 일.

－「의미 그 후」 전문

이 시는 이미지가 얼마나 중요한 것인가를 단적으로 증명해주는 시다. 시에 있어 '의미'란 진실이다. 시에 있어 의미란 크게 중요시되지 않는다. 과거 시는 "생활이 그대를 속일 지라도 슬퍼하거나 노하지 말라"고 외쳤지만, 현대시는 시는 발견, 개척, 혁명 같은 프론티어정신을 계승한다. 『프린스턴 시학사전』에 따르면 이미지를 "육체의 지각에 의해 산출된 감각이 마음속에서 재현된 것"이라 정의하고 있다. 그리고 이 책에서 "문학에서는 주로 '이미저리(imagery)'라는 용어가 주로 사용된다"고 말하고 있는데, 하은 시인의 시는 하나의 이미지를 사용하여 시를 끌고 가는 것이 아니라 이미저리, 즉 이미지저군群을 포괄적으로 사용해 전체의 분위기를 이끌어간다. 하은 시인의 시는 서사를 기반으로 하지 않으며 서정 기반으로 한다. 스토리로 대변되는 서사는 자칫 신파나 자기 경험을 미루어 드러난 정보를 강요하며 독자를 고문할 소지가 농후하다. 반면 서정 기반으로 하는 시는 자칫 재미요소를 배제한 채 감상에 치우칠 우려가 있다. 그러나 아무리 서사가 탄탄하다할 지라도 서정, 이미지를 배제한다면 시로 성공

하기 어렵다. 이 시에서 하은 시인은 노화되어가는 자신을 이미지화한다. 가만히 읽어보면 김수미 시인의 「길들여진다는 것」을 읽는 것 같다. 그 잠시 읽어보자면 "그가 또 내방을 다녀갔다 / 새벽녘, 누군가 나를 덮친 듯한 서늘한 기운에. 잠시 뒤척였던 기억이 흐릿하다 / 지난 밤 창문 활짝 열어놓고 늑골 밑 신음소리 / 늦도록 듣다 잠이 든 듯한데 / 내 몸속 어딘가에 흐르다 갇힌 물길 있어 / 밤이면 순한 물짐승 같은 사내 끌어들여 / 한바탕 같이 흐르는 것인지 / 서로를 열고 밤새 출렁이는 것인지 / 일어나 보니 몸은 늘어지고 이불이 축축하다 // 그는 예전에도 여러 번 나를 다녀간 적 있지만 / 나는 그에 대해 아는 것이 없다(이하생략)"와 같은 내용으로 김수미 시인에게 다녀간 그와, 하은 시인 안에 살고 있는 '느슨함이란 녀석'은 같은 사람, 즉 '노화현상老化現想'이다. 김수미 시인에게 밤에 다녀간 사람은 자꾸만 땀이 나고 기운이 떨어지게 하는 사람이고, 하은 시인의 몸에 살고 있는 느슨함이란 녀석은 '귀찮음, 늘어짐, 여유부림' 같은 것을 말함인데, 개인의 경험을 중심으로 하는 서사구조의 시에 반해, 이 시는 개인의 느낌, 즉 이미지를 중시하는 시의 효과를 극대화하고 있다. '의미'란 진실이다. 아무리 진실이 탄탄하다 할지라도 의미 이후, 즉 이미지가 살아나지 않는다면, 그 시는 실패한 시다. 그것은 다음 시를 읽어보면 바로 확인된다.

바짝 당겨야만
고물고물한 속을

맘껏 주무를 수 있는 거다
저만치 싱그러운 꽃
매크로렌즈로 밀고 당기기
일순 숨을 멈추고
곤혹을 치르는 눈싸움은
천상의 씨름이다

풀썩거리는 길섶에서
농밀한 생명을 이어가는
저의 고통을
바람은 알 턱이 없다
얼굴에 분칠을 하고
햇살 아래서 하루를 재는
저와 나의
한 뼘 실랑이에

흐릿한 세월 꼬집으며
선명하게 돋아오는 꽃술.

– 「접사」 전문

'접사接寫'란 말을 국어사전에 찾아보니 "렌즈를 피사체에 가까이 대고 촬영함"이라 나와 있다. 카메라렌즈를 바짝 당겨서 꽃잎이나 꽃술 등을 확대시켜 찍는 카메라기법이다. 그런데 이 시는 꽃이나 자연에 대한 접사기법을 이야기하기 위한 시가 아니다. 자연의 심리, 꽃의 심리를 들여다보기 위한 시다. 이 세상 모든 것에는 마음이 있다. 돌의 마음은 견디는 것이라 생각하기 쉽다. 구르는 것이라 생각하기 쉽다. 그런데 그렇지 않다. 돌도 아이를 기르고 싶어 한다. 돌도 친구를 사귀기 싶어 한다. 돌도 내가 아닌 타자를 사랑한다. 그래서 이끼가 자라는 것을 좋아한다. 다람쥐가 돌 위를 거니는 것을 좋아한다. 너구리가 바위 아래 살기를 좋아한다. 그래서 식물이 자라나오면 돌은 언제든지 틈을 내준다. 분재 같은 소나무를 기르며, 나리꽃과 억새풀들에게 틈새를 내어준다. 돌의 마음을 접사렌즈로 들여다보면 그렇다는 것이다. 렌즈의 세계는 망원렌즈든 접사렌즈든 모두 렌즈를 통해 바라보이는 대상을 보다 효과적으로 보기 위함이다. 망원렌즈를 통해 우리는 먼 곳에 있는 피사체를 효과적으로 볼 수 있다. 접사렌즈를 통해 우리는 인간의 1,5미만의 시력을 통해 볼 수 없는 것을 보아낸다. 그래서 해바라기 대공에 붙은 솜털의 기상을 들여다볼 수 있고, 이파리를 통해 세포가 어떻게 분열해 가는지를 볼 수 있는 것이다. 매크로렌즈는 접사 촬영을 할 수 있도록 설계한 확대용 렌즈다. 근거리 촬영을 주 목적으로 하여 수차 보정을 한 렌즈로서 무한대의 거리에서부터 통상 촬영 배율 1/2배까지 촬영할 수 있도록 만든 렌즈인데, 하은 시인은 마음의 매크로렌즈를 하나 더 장착하여 풀꽃의 마음을 접사한다. "풀썩거리는 길섶에서 / 농밀한 생명을 이어가는" 풀꽃의 고통을 그저 훈풍으로 불어오는 "바람은 알 턱이 없다"는 것까지 하은 시인은 접사해내는 것이다. 그리고 잘 찍으려 매크로렌즈를 들이대는 하은 시인과 "햇살아래서 하루를 재는" 피사체와의 한 뼘 거리에서의 실랑이를 우리는 이미지라 한다. 다음 시를 한 수 더 읽어보자.

폭염 찌는 날 개미 한 마리
작정한 곳이 있는지
빠르게 작은 발 옮기고 있다
망설임 없이 홀로 가는 길
진정을 찾아 나선 걸까
평탄한 길 감사히 질주하는 저
욕심으로 갈팡질팡하는
사람보다 야물다
뜨거운 걸음 멈춘 자리
어쩌다 저를 만나
등 찌르는 햇살 고스란히 받고
맥없이 땀 흘리고 앉아있었네
해 아래 뉘 게나 수월치 않은 삶
구름 그림자 산에 내려
잠깐 시원함 선사하듯
꼭 그만큼만 은혜로운 세상
간혹 그만 일에도
감사하는 가슴이라면
제대로 사는 거다.

– 「살며 감사하며」 전문

하은 시인이 보고 있는 것은 "폭염 찌는 날" 한 마리의 개미가 움직이는 것이 아니다. 인생의 폭염 사이에서 작정한 듯 살아보려고 했던 자신의 지난날을 들여다보고 있는 것이다. 언젠가 한 문학지사에서 유명시인들에게 '시란 무엇인가'에 대해 특집을 했다. 대부분의 시인들이 시는 '자기 구원이다.'라고 말했다고 한다. 나는 시란 감사한 마음

알아가기가 아닌가 생각한다. 나는 문학을 통해 나를 가르쳐준 선생님들에 대해 감사함을 깨달았다. 나는 문학을 통해 부모님의 고마움을 날마다 생각할 수 있었다. 문학을 통해 고향의 그 그윽한 힘에 대하여 느낄 수 있었다. 우리가 시를 쓰는 이유는 자연에 대한 감사함, 가족에 대한 감사함, 지인들에 대한 감사함, 사물에 대한 감사함, 땅을 딛고 다닐 수 있고, 우러러 하늘을 볼 수 있음에 대한 감사가 아니던가? 문학은 인간사의 모방임에는 틀림이 없다. 그런데 매번 모방의 방법이 다르게 표현되어야 한다. 하은 시인은 내가 내 이야기를 하는 것이 아니라 개미를 통해 내 이야기를 하고 싶은 것이다. 시에 있어 이러한 기법을 객관적상관물이라고 일찍이 T.S 엘리어트는 말했다. "모든 시는 객관적상관물에 의해 운반되어야만 한다."고 그는 역설했다. 이 시는 개미라는 객관적상관물을 통하여 자신을 은유한 작품이다. 증권회사에서 개미라는 말은 개인투자자를 말한다. 일반적으로 개미라는 말은 열심히 일하는 서민을 이르는 말로 상징화되어 있다. 그런데 상징은 시대와 환경에 따라 변한다. 과거에는 비둘기가 평화의 상징이었지만, 지금은 도시빈민의 상징으로 변한지 오래다. 과거에는 열심히 일한 사람이 훌륭하다는 평가를 받았지만, 지금은 일만하는 사람은 무능의 상징으로 변화되어 있다. 열심히 일하면 인간의 능력에 비례하는 공산품이나 농산물을 생산할 수 있지만, 열심히 노래하고 춤추면 방탄소년단이라는 무한대로 창출되는 고부가가치의 경제적 가치를 생산해낼 수 있다. 나는 초등학교 때부터 문학가가 꿈이었다. 그런 내게 아버지는 말단공무원을 강요하셨지만, 꿈이

큰 내게 인생을 걸만큼의 큰 매력을 가지지 못했었다. 그래서 나는 조금의 미련도 없이 공무원을 그만두고 나와 수많은 고초를 겪고 마침내 문학가로 우뚝 서게 되었다. 이젠 몸으로 일하기보다 책을 쓰거나 노래를 해야 한다. 문화만이 살길이다. 죽어라고 밭을 매서 허리가 휘고, 무릎이 다 망가진 노인으로 살 것인가, 베짱이처럼 기타나 바이올린을 켜며 우아하게 살 것인가, 농산물을 팔 것인가 마르지 않는 화수분의 문화를 팔 것인가?

그녀 정경숙 화가의 손끝에서
꽃이 피었다
착한 열정이 꽃으로 온 것이다
두런두런 복된 소리에
혼절한 꽃잎이 모두 살아났다
어여쁠 때 만나지 못했던
아쉬운 사랑이
낮은 곳을 견디고 일어나
설레는 그림으로 돌아온 것이다
정성을 붓고 기다림
그 후 존재하는 저의 어엿함은
오롯이 사유할만한 기쁨이 되었다
무엇으로든 생생히 살아있으니
다시 꽃이다, 동백.

– 「다시 꽃이다」 전문

지난 2018년 말 아은 정경숙 화가의 전시회에 다녀왔다. 대학로로 하은 시인을 만나러 갔다가 함께 전시회에 가자고 해서 보게 된 전시회였다. 나는 자주 전시회에 간다. 문학과 그림과 음악이 있다면 모두 두 부분을 생략한 채 한 부분으로만 말하는 특징을 지녔다. 그림은 말과 멜로디가 생략된 장르다. 문학은 회화성과 멜로디가 생략된 장르다. 음악, 특히 연주곡은 회화성과 서사성이 생략된 장르다. 세 장르를 합쳐 100%로 볼 때, 각기 한 장르는 고작 33.34%정도의 표현능력을 지닌 채 시도되지만, 회화, 멜로디, 텍스트 자체만으로도 충분히 독자를 감동시킬 수 있다. 그것은 무엇인가? 그림으로 말하면 여백의 미다. 멜로디로 말하자면 클라이맥스는 잔잔함을 기반으로 한다. 문학으로 말하자면 반전이다. 정경숙 화가는 결혼과 육아로 오랫동안 꿈을 펼 수 없었다. 그러다가 2017년 세 번의 단체전을 시작으로 지난 2018년 말, 오랜 침묵을 깨고 '존경存景'이란 주제로 처음으로 개인전을 가졌다. 나는 우연히 참석해 그녀의 그림을 보게 되었는데, 그곳에서 대략 세 가지의 신선감을 느꼈다. 하나는 '동백'에 관한 그의 시선이었다. '동백'이라는 꽃은 꽃잎이 붉고 꽃술이 노란 꽃이다. 그런데 그녀의 동백은 서사와 함께 피어나고 있었다. 푸른 초원으로 이루어진 야산, 하트처럼 생긴 길을 돌아나가는 길목에 피어난 동백과 꽃잎들은 기반으로 하는 에덴동산을 연상시키는 초원의 산은 충분히 시적이었다. 마치 죽음에 이르는 사랑을 느끼게 하는 제목의 그림 '그토록 붉은 사랑'은 죽도록 그림을 사랑하고 싶은 화가의 이야기 같아 가슴이 뭉클하였다. 그림 '그 길에서', '그리다 1', '그리다 2', '바라보다' 등의 그림에서는 작가 자신으로 보이는 여인이 자주 등장했는데, 그것은 그녀가 얼마나 그림을 동경해왔느냐를 잘 보여주는 예로, 첫 전시회라고는 믿기지 않을 정도의 탄탄한 필력은 사람들의 발걸음을 잡기에 충분했다. 큰 화가의 출발을 느낀다. 그리고 그날 개막식에 참여한 사람들의 면면을 보고 나는 또 다른 신선감을 느꼈다. 그날 참석한 사람들은 대부분 페이스북에서 만난 사람들로 서로가 음식을 가져오고 먼 곳으로부터 일부러 오는 사람들로 이렇게 모르는 사람들끼리도 이런 따스한 일을 함께 할 수 있구나 하는 것은 신선 그 자체였다. 세 번째로 느끼는 신선감은 하은 시인과 정경숙 화가의 조화로운 만남이었다. 선배인 듯, 언니인 듯한 하은 시인, 뭔가 셀렘이 있을 것 같은 정경숙 화가의 만남은 화가 일색, 시인 일색, 음악인 일색이었던 기존 예술활동의 틀을 깨고 무한히 함께 할 수 있다는 가능성을 보였음에 다른 모임보다 훨씬 신선했다. 하은 시인도 오랜만에 시집을 낸다. 정경숙 화가도 오랜만에 첫 전시회를 열였다. 둘 다 꽃이었음은 분명했지만 스스로가 꽃인 줄 몰랐던 것이다. 이제 두 분 모두, 다시 꽃이다.

시월 투명한 날 명성산 올라
작은 돌 찾아 앉으면
천만 바람소리 우거진 너머로
빛나는 머리 결
온유한 여인이 다가온다
멈춘 듯 영원한 침묵 하나로
이승의 지난함 위로하며
스스로 안기는 포천

숨는 일도 소용없는 역사 속
궁예 울음소리 가득한 명성산에
단풍 빛 사람이 오르고 있다
촘촘 발붙인 가을이 보드란
지금은 은빛 축제의 시간
그저 흔들리면 그뿐인
살아 행복한 결 따라 걸으며
순응하는 세월 배워가는
땅의 사람들
하늘 아래 맑음의 깊이를 재며
바람과 함께 출렁이고 있다.

– 「억새축제 명성산」 전문

명성산은 포천의 대표적 명산이다. 비선폭포, 등룡폭포, 벼락바위 등의 명승지와 자인사, 운천사, 동화사 등의 사찰이 있고, 무엇보다도 산정호수가 있어 많은 사람들로부터 사랑을 받는 국민관광지다. 7,80년대 수많은 서울 사람들의 데이트코스였고, 소풍이나 수학여행코스였다. 과거에는 왕건과 궁예의 일화로, 일제강점기 이후에는 산정호수라는 사력댐으로, 요즘에는 억새축제로 널리 유명하다. 때는 서기 917년 쯤, 궁예에게 번번이 쫓기던 왕건이 병사들과 명성산 아래를 지나고 있을 때다. 한 농부가 소로 밭을 갈며 “이랴, 이 왕건이 같이 미련한 소야!”라 하는 게 아닌가? 왕건이 궁금해서 노파에게 물었다. “대관절 왜 왕건이를 그렇게 미련하다 하시오?” 그러자 노파가 말했다. “아, 미련하기 짝이 없지, 왜 제 병사들을 죽이며 밑에서

덤벼요. 더 뒤로 돌아가서 치면 금방 이길 텐데." 노파의 말대로 왕건은 여우고개로 돌아가 궁예를 쳤다. 궁예는 마침내 퇴각하여 패주골(패하여 달아난 골짜기)에서 전사했다고 전해진다. 산정호수는 일제강점기 때인 1925년 농업용수를 담수하기 위해 인근 주민들을 동원해 만들었다. 근래에는 포천시에서 억새축제를 주관하고 있는데 올해로 23회를 맞이하게 된다. 앞서 말한 바와 같이 하은 시인과 나는 포천이 고향으로 동향이다. 포천시는 서울시의 1.3배에 달하는 넓은 면적을 차지하고 있어 타 지역에 비해 매우 많은 인물을 배출하였으며, 명승지가 많은 고장이다. 우선 인물을 보면 오성대감 이덕형 선생, 한음대감 이항복 선생, 박순 선생, 조경 선생을 비롯하여 청성사에 모셔져 있는 최치원 선생, 채산사에 모셔져 있는 최익현 선생, 길명사에 모셔져 있는 양사언 선생, 사육신의 하나였던 유응부 장군, 동음사에 모셔져 있는 김성대 선생과 김평묵 선생, 그리고 대학자로 알려진 이서구 선생, 소설가 이해조 선생 등 수없이 많은 인물이 있다. 명승지로는 우선 산으로는 명성산, 운악산, 백운산, 국망봉, 왕방산 등의 명산이 있고 관광지로는 산정호수를 비롯하여, 허브아일랜드, 포천아트벨리, 국립수목원, 백운계곡, 약사계곡, 깊이울계곡, 내리계곡, 한탄강계곡, 포천구름다리 등 수많은 관광지가 있다. 그런 포천에서 태어나 자란 것이 자랑스럽다.

오늘도 되다 만 글 하나를 베고
잠을 설쳤다
꿈도 아닌 것이 우두둑

뼈를 꺾으며 들어서는 밤이면
도통 이름도 알 수 없는 존재를
만나느라 진땀이 난다
미려하던 꽃 지고
과묵한 노을도 잦아든 계절
그림자를 서둘러 접는 어둠 후
할 수 있는 일이라고는
詩를 그리는 일
어느 하나 신통한 게 없다는 세상에
덧칠 할 무진한 색을 궁리 한다
흑과 백의 세련됨을 능가할
그 무엇을 고르다 마주친
갸륵한 허공
예리한 새벽 소리 끝에 걸린
하늘이 그린 詩를 읽었다
시공을 넘는 침묵 위에
밤새 아무것도 얹지 못한 나
얼마나 다행이냐.

－「불면, 불변」 전문

이 시는 불면에 관한 시다. 불면이란 자고 싶은 데 잠이 안 오는 현상을 말한다. 불면은 많은 사람들에게 고통을 안겨준다. 불면이란 불안하여 잠이 들기 어려운 상태다. 그런 불면의 요인은 어디서 오는 것일까? 크게 네 가지 정도로 정리할 수 있을 것 같다. 첫 번째로는 무엇보다도 불면은 심리적 요인에서 오는 것이 아닐까 싶다. 우울증이나 스트레스가 주된 원인일 것 같다. 두 번째로 환경

적 요인이 있을 거다. 차량이 자주 다니는 도로변에 위치해있다든지, 새벽이면 너무 빨리 산새가 운다든지, 방의 온도나 습도가 너무 낮거나 높을 때 잠을 이룰 수 없을 것 같다. 세 번째로 생활습관에서 올 수도 있을 것 같다. 카페인이 든 음식, 콜라나 커피, 차 등을 많이 마신다든지, 흡연이나 음주 등에도 큰 요인이 있다고 의학자들은 분석한다. 그런데 나는 그렇게 분석하지 않는다. 평소에 시간이 많은 것이 문제일 것 같다. 나처럼 바쁜 사람들은 찔끔찔끔 자고 일어나 일하느라 평생 불면을 느껴보지 못했다. 무슨 부르조아 같은 자랑질이냐 하겠지만 불면은 나 같은 사람에게 사치로 보이기도 한다. 불면 때문에 고생하는 사람들을 폄하하려는 것은 아니다. 그러나 불면의 가장 큰 원인은 심리적 요인에 있을 것 같다. 배우자나 자녀의 고민, 나이들어감에 따른 고민 등에 있을 것 같다. 나는 어머니가 돌아가신 이후 한때 "할머니가 돌아가시면 어떻게 하지"라는 이유로 오랜 시간 동안 불면의 밤을 보낸 적이 있다. 불면은 살아있다는 증거다. 불면은 사고하고 있다는 증거다. 불면은 깨달은 자가 가지는 고급 병이라고 들었다. 우리 시인들은 불면이 오면 하은 시인처럼 시를 쓰면 된다. 시인들은 정말 영원불변한 불면처방전을 받은 셈이다. 다음 시를 읽어보자.

사람이 해변으로 모여 든다
포구가 아닌 곳에 정박한 배가
비밀스럽게 준비를 끝내는 시간
꽃처럼 피는 앞뒤 모를 발자국

발밑에 엉겨 붙은 삶의 지루한 행적이
그네의 신발에 덤으로 묻어 와
작은 배를 거침없이 유린할 그때
질끈 눈감은 누이가 아득한 시간 끝에 섰다
깊은 물에 몸을 담는 남자
오로지 위로받기 위한 거친 호흡으로
쾌락을 샅샅이 삼키는 바다
물은 하나로구나 어 … 하
오감으로 향하는 책임 없는 신음 사이
풍진세상 헤엄치며 멀어져가는 그리운 사람
가끔은 아주 가끔씩은
풍랑으로 무섭게 바닥이 뒤집어져야
저 알 수 없는 세월이 말끔해 지는 거다
삶을 고속 충전하는 남자 앞에서
밤마다 고통을 껴입는 여인
꽤 유명한 번지를 딛고 살던 그녀는
날마다 바다를 뒤집었다
파도에 시시로 흔적을 지우는 해변처럼
태곳적 부끄러움을 접은 채
길게 누워 정성껏 달빛에 몸을 씻으며
이름을 지우는 그 여자.

– 「처녀를 꿈꾸며」 전문

하은 시인은 환갑의 나이다. 그런데 '처녀를 꿈꾼다'고 말한다. 처녀란 어떤 여자일까? 국어사전을 찾아보면 ① 아직 결혼하지 않은 성숙한 여자, ②아직 이성(異性)과의 성경험(性經驗)이 없는 여자 ③일부 명사 앞에서 관형어로 쓰여, '맨 처음의', '최초의', '아무도 손대지 않은' 등의 뜻을 나타내는 말로 나와 있다. 우리는 아무도 들어가지 않은 숲을 처녀림이라 한다. 처음 쓴 글을 처녀작이라고도 한다. 하은 시인이 꿈꾸는 처녀는 ③번, 맨 처음의, 최초의, 아무도 손대지 않은 뜻의 '처녀'일 것 같다. 아무도 가지 않은 길을 가본다는 것, 아무도 시작하지 않은 일을 처음 하는 것, 그런 처녀라면 나이와 상관없이 젊은이로 평가받아 마땅하다. 이 시에서의 화자는 바다다. 바다를 여인으로 놓고 있다. 그렇다면 바다는 영원불변의 처녀다. 바다는 늘 새로운 남자, 즉 우주 만물을 받아들일 준비가 되어 있다. 바다는 늘 새로워진다. 고로 바다는 진정한 처녀다. 그런 바다도 위로 받고 싶은 모양이다. 하여 시인은 "오로지 위로받기 위한 거친 호흡으로 / 쾌락을 샅샅이 삼키는 바다"라 말한다. 그렇다면 바다는 왜 위로를 받고 싶은 것일까? 바다는 이루 헤아릴 수 없는 숫자의 물고기들과 조개류, 해조류를 생산해낸다. 그렇지만 쉴 새 없이 출렁이며 산통을 겪는다. 생산이라는 것은 그저 얻어지는 것이 아니라 나무도 제 살을 찢고 꽃을 피우기 때문에 산통과 성장통을 동반한다. 늙는다는 것, 그것도 어찌 보면 일련의 성장과정이다. 바다가 삼키는 쾌락은 어떤 것일까? 바다의 쾌락은 지평선을 밑줄 그어 세상을 읽어내는 독서의 재미일 것 같다. 하은 시인이 꿈꾸는 '처녀'는 새로운 시제다. 새로운 환경이다. 카메라 렌즈를 들이댈 새로운 피사체의 발견이다.

카메라는 인간에게 참으로 중요한 역할을 해주는 없어서는 안 될 존재 중 하나다. 인간이 발명해낸 물건 중에 매우 중요한 물건이다. 단순이 기록과 보존의 역할을 차치

하고서라도 우리가 카메라 앞에서 '김치'라고 하면서 웃은 긍정적 효과는 얼마나 크던가. 요즘은 스마트폰의 발달로 세계의 모든 사람들의 손에 고성능 카메라가 들려있다. 20년 전쯤, 고작 200만화소의 휴대폰을 가진 사람이 80만화소의 휴대폰을 가진 사람에게 자랑을 했던 시절은 지났다. 지금은 1600만화소의 카메라를 장착한 스마트폰이 수두룩하다. 플레이스토어에 가면 카메라 촬영을 위한 수많은 어플들이 등장해 음식이나 꽃의 접사를 돕는다. 그런데 아무리 카메라가 좋아도, 광학렌즈를 장착한 DSLR카메라라도 사진을 찍는 사람의 마음이 따스하지 않으면 좋은 사진을 구할 수 없다. 우선 피사체에 대한 사랑이다. 시인은 시적 소재에 대한 사랑이 대단하다. 나무라는 시를 쓰기 위하여 나무가 되어보고 나무에 올라가보고 나무를 만져보고 나무의 열매를 먹어보고 나무의자에 앉아보고 나무로 된 집에 살아보면서 시의 피사체, 즉 시적 화자가 되어본다. 하은 시인에게 있어 근래 10여 년 동안의 가장 좋은 친구는 카메라였다. 물론 주변에는 여동생도 있고 가족들도 좋은 역할을 해주었겠지만, 그래도 그녀가 훌쩍 어디를 떠날 수 있도록 부추겨주고, 응원해주고 이끌어준 것은 DSLR이라는 카메라였다.

이에 나는 그녀의 "렌즈를 통해 바라보는 선시적 이미지즘"에 주목한다. 스토리 없이 모두 관찰로만 이루어지는 그녀의 선시적 시세계에는 적도 타자도 없었다. 그의 렌즈 속에 굴절된 시세계는 꽃도 나이고 개미도 나였으며, 나도 나였고, 불면을 유발하는 스트레스 받은 나까지도 모두 나, 즉 자아였다. 그녀의 시가 이토록 일사분란한 이미지즘의 대오를 형성하기까지 그녀를 가르친 것은 카메라였다. 렌즈를 통해 들여다본, 그래서 다시 그것에 의해 접사되고 투영된 마음을 현상해 낸 이번 시집 『다시 꽃이다』는 탈무드이듯 간섭하지 않고 함께 살기를 가르치는 또 다른 경전이었다.

이 도서의 국립중앙도서관 출판예정도서목록(CIP)은 서지정보유통지원시스템 홈페이지(http://seoji.nl.go.kr)와 국가자료종합목록시스템(http://www.nl.go.kr/kolisnet)에서 이용하실 수 있습니다.

(CIP제어번호 : CIP2019000289)

하 은 시집

다시 꽃이다

초판인쇄일 2019년 1월 21일
초판발행일 2019년 1월 26일

지은이 : 하 은
발행인 : 김순진
편집장 : 전하라
디자인 : 김초롱
펴낸곳 : 문학공원
등 록 : 2004년 3월 9일 제6-706호
주 소 : 우편번호 03382 서울 은평구 통일로 633
녹번오피스텔 501호 스토리문학사
전 화 : 02-2234-1666
팩 스 : 02-2236-1666
홈페이지 : http://cafe.daum.net/yob51
이메일 : 4615562@hanmail.net

※ 책값은 뒤표지에 있습니다.